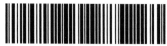

Made in the USA
San Bernardino, CA
06 August 2014

بیایید کلمه های فارسی بیاموزیم

(تمرین های کمک درسی)

کتاب دوّم

Let's Learn Persian Words

A Farsi Activity Book

Book Two

Bahar Books

www.baharbooks.com

Mirsadeghi, Nazanin
   Let's Learn Persian Words: A Farsi Activity Book - Book Two / Nazanin Mirsadeghi

ISBN-10: 1939099056
ISBN-13: 978-1-939099-05-1

Published by Bahar Books, White Plains, New York

بیایید کلمه های فارسی بیاموزیم

Let's Learn Persian Words

سخنی با خوانندگان فارسی زبان ،

یکی از مشکلات آموزش زبان فارسی به کودکانی که فارسی را به عنوان زبان دوّم می آموزند ، دسترسی نداشتن به کتاب های کمک درسی ای ست که برای این دسته از دانش آموزان طرح – ریزی شده باشند.

هدف اصلی این مجموعه (کتاب اوّل و کتاب دوّم) ، فراهم آوردن تمرین هایی ست که با روش تدریس کتاب "آموزش زبان فارسی اوّل دبستان" – که منبع اصلی تدریس در اکثر مدرسه های فارسی در خارج از کشورست – هماهنگی داشته و در ضمن با کمک گیری از بازی ها و جدول ها، یادگیری خواندن و نوشتن کلمات تازه را برای دانش آموزان ساده تر کنند.

ترتیب حروف استفاده شده در این کتاب ها هماهنگ با ترتیب تدریس این حروف در کتاب "آموزش زبان فارسی اوّل دبستان" است. به همین دلیل، این کتاب و سایر کتاب های این مجموعه می توانند به عنوان تمرینات اضافه در کنار کتاب اصلی آموزش زبان فارسی توسط آموزگاران و پدران و مادران دانش آموزان مورد استفاده قرار گیرند.

در اینجا لازم می دانم از خانم لادن مشتاقی که با نظرات و پیشنهادات شان من را در کار تنظیم این کتاب یاری دادند، صمیمانه سپاسگزاری کنم.

نازنین میرصادقی

To English-speaking readers ...

The activity books in this series (Book One & Book Two) have been designed for students of Iranian Heritage who are learning Persian as a second language in a classroom. These activity books could be used as a supplement to the *Elementary Persian Language* textbook which is the main resource used in most Persian schools outside Iran. The letters used in each activity in this series are sequenced in the same order as the letters taught in the *Elementary Persian Language* textbook.

If you are learning Persian on your own, you should be familiar with the Persian alphabet and be able to read the Persian script prior to using these workbooks. These practical activity books could provide you with fun and effective ways to expand your reading and writing vocabulary through a variety of activities such as puzzles, word searches and matching exercises.

Many Thanks are due to Mrs. Ladan Moshtaghi for her help and support in preparing these books.

Nazanin Mirsadeghi

Pronunciation Guide for the Persian Letters

aa like the "a" in arm	آ – ا *
b like the "b" in boy	بـ – ب
p like the "p" in play	پـ – پ
t like the "t" in tree	تـ – ت
s like the "s" in sun	ثـ – ث
j like the "j" in jam	جـ – ج
ch like the "ch" in child	چـ – چ
h like the "h" in hotel	حـ – ح
ǩ like "ch" in the German word *bach*, or Hebrew word *smach*.	خـ – خ
d like the "d" in door	د
z like the "z" in zebra	ذ
r like the "r" in rabbit	ر
z like the "z" in zebra	ز
ž like the "z" in zwago	ژ
s like the "s" in sun	سـ – س
sh like the "sh" in shell	شـ – ش
s like the "s" in sun	صـ – ص
z like the "z" in zebra	ضـ – ض
t like the "t" in tree	ط
z like the "z" in zebra	ظ

‘ is a glottal stop, like between the syllables of “uh-oh”	ع - ـعـ - ع
ğ like the **“r ”** in French word *merci*	غ - ـغـ - غ
f like the **“f ”** in fall	فـ - ف
ğ like the **“r”** in French word *merci*	قـ - ق
k like the **“k”** in kite	کـ - ک
g like the **“g”** in game	گـ - گ
l like the **“l”** in lost	لـ - ل
m like the **“m”** in master	مـ - م
n like the **“n”** in night	نـ - ن
v like the **“v”** in van	و
o like the **“o”** in ocean	و
On some occasions, it has no sound and becomes silent.	و
oo like the **“oo”** in good	* او- و
h like the **“h”** in hotel	هـ - ـهـ - ـه - ه
e like the **“e”** in element	ـه - ه
y like the **“y”** in yellow	یـ - ی
ee like the **“ee”** in need	* ایـ - یـ - ی- ای

* long vowels

It represents doubled consonants.	ّ
a like the "a" in animal	** اَ – َ
o like the "o" in ocean	** اُ – ُ
e like the "e" in element	** اِ – ِ

** short vowels

Persian Letters with the Same Pronunciation

t like the "t" in tree	ت – ﺗ
	ط
ğ like the "r" in French word *merci*	ق – ﻗ
	غ – ﻐ – ﻎ
h like the "h" in hotel	ح – ﺣ
	ه – ﻬ – ﻪ – ﻩ
s like the "s" in sun	ث – ﺛ
	س – ﺳ
	ص – ﺻ
z like the "z" in zebra	ذ
	ز
	ض
	ظ

Names Given to the Persian Letters

alef	آ– ا
be	ب – بـ
pe	پ – پـ
te	ت – تـ
se	ث – ثـ
jeem	ج – جـ
che	چ – چـ
he	ح – حـ
ǩe	خ – خـ
daal	د
zaal	ذ
re	ر
ze	ز
že	ژ
seen	س – سـ
sheen	ش – شـ
saad	ص – صـ
zaad	ض – ضـ
taa	ط
zaa	ظ

eyn	ﻋ – ﻌ – ع
ğeyn	ﻏ – ﻐ – غ
fe	ﻓ – ف
ğaaf	ﻗ – ق
kaaf	ﻛ – ک
gaaf	ﮔ – گ
laam	ﻟ – ل
meem	ﻣ – م
noon	ﻧ – ن
vaav	و
he	ﻫ – ﻬ – ﻪ – ه
ye	ﻳ – ی

تمام حروف الفبای فارسی

در تمرین های این کتاب به کار گرفته شده اند.

ALL LETTERS OF THE PERSIAN ALPHABET HAVE BEEN

USED IN THIS BOOK'S ACTIVITIES.

Exercise 1

تمرین ۱

قوری

(ğoo. ree)

Plate

بُشقاب

(bosh. ğaab)

Spoon

قاشُق

(ğaa. shoğ)

Read the word for each picture and
write the letters in their places.

با کمک شکل ها، هر کلمه را بخوان و
صداهایش را در جدولِ روبرویش بنویس.

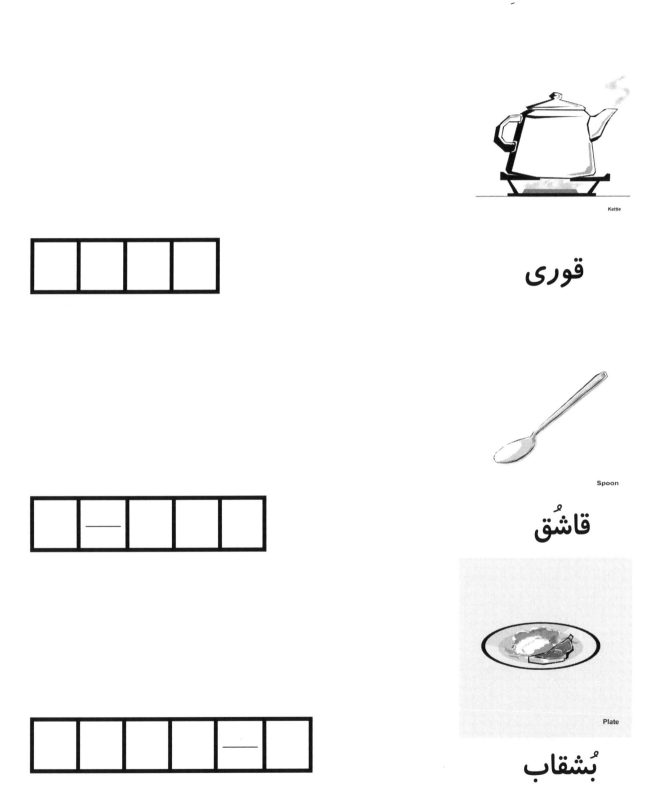

Kettle

قوری

Spoon

قاشُق

Plate

بُشقاب

Connect each word to its picture.

هر کلمه را به شکلش وصل کن.

قوری

Plate

قاشُق

Spoon

بُشقاب

Kettle

Read the word for each picture and
write the letters in the puzzle.

با کمک شکل ها، هر کلمه را بخوان و
جایش را در جدول پیدا کن.

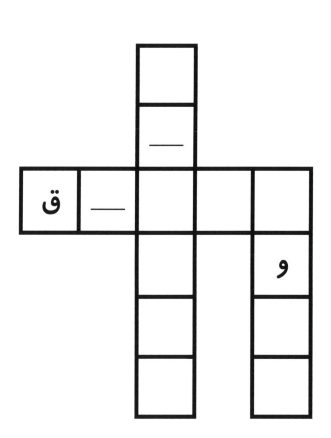

Kettle

قوری

Spoon

قاشُق

Plate

بُشقاب

Find the word below in the puzzle.

کلمه زیر را در جدول پیدا کن.

قاشُق

ق	ا	ث	و	ل	ک
ا	چ	ه	ف	ا	چ
شُ	پ	ق	شُ	و	ا
ق	ب	ا	ز	ر	م

Look at this picture and write its name under it.   به این شکل نگاه کن و اسمش را زیر آن بنویس.

Kettle

Write the letters for each word.   صداهای هر کلمه را بنویس.

قاشُق = __ + __ + __ + __ + __

قوری = __ + __ + __ + __

بُشقاب = __ + __ + __ + __ + __ + __

Read the word below and draw a picture of it.   کلمه زیر را بخوان و شکلش را بکش.

بُشقاب

Exercise 2

تمرین ۲

Cherries

گیلاس

(gee. laas)

Grapes

اَنگور

(an. goor)

Orange

پُرتِقال

(por. te. ğaal)

Read the word for each picture and write the letters in their places.

با کمک شکل ها، هر کلمه را بخوان و
صداهایش را در جدولِ روبرویش بنویس.

Grapes

اَنگور

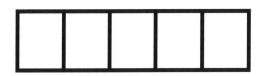

Cherries

گیلاس

Orange

پُرتِقال

Connect each word to its picture.

هر کلمه را به شکلش وصل کن.

Orange

گیلاس

Spoon

قوری

Cherries

پُرتِقال

Kettle

قاشُق

Grapes

اَنگور

Read the word for each picture and write the letters in the puzzle.

با کمک شکل ها، هر کلمه را بخوان و جایش را در جدول پیدا کن.

Grapes

اَنگور

Orange

پُرتِقال

Cherries

گیلاس

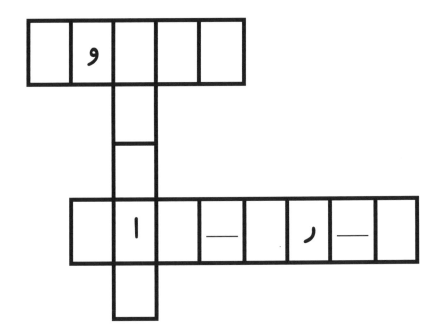

Find the word below in the puzzle.

کلمه زیر را در جدول پیدا کن.

اَنگور

س	اَ	ن	و	ل	ه	ف
م	ز	ل	ذ	اُ	ز	و
ا	گ	و	ن	ف	ل	ه
ر	و	ن	گ	ی	اِ	ل
اَ	ر	ذ	ب	ص	و	پ

Look at this picture and write its name under it.   به این شکل نگاه کن و اسمش را زیر آن بنویس.

Orange

_____

Write the letters for each word.　　　　　　　　　　　　صداهای هر کلمه را بنویس.

گیلاس = __ + __ + __ + __ + __

اَنگور = __ + __ + __ + __ + __

پُرتِقال = __ + __ + __ + __ + __ + __ + __ + __

Read the word below and draw a picture of it. كلمه زير را بخوان و شكلش را بكش.

گیلاس

Exercise 3

تمرین ۳

کُلاه

(ko. laah)

Shoes

کَفش

(kafsh)

Socks

جوراب

(joo. raab)

Read the word for each picture and
write the letters in their places.

با کمک شکل ها، هر کلمه را بخوان و
صداهایش را در جدولِ روبرویش بنویس.

Shoes

کَفش

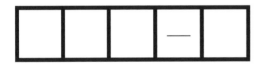

Hat

کُلاه

Socks

جوراب

۳۰

Connect each word to its picture.

هر کلمه را به شکلش وصل کن.

Shoes

جوراب

Orange

گیلاس

Socks

کَفش

Cherries

پُرتِقال

Hat

کُلاه

Read the word for each picture and
write the letters in the puzzle.

با کمک شکل ها، هر کلمه را بخوان و
جایش را در جدول پیدا کن.

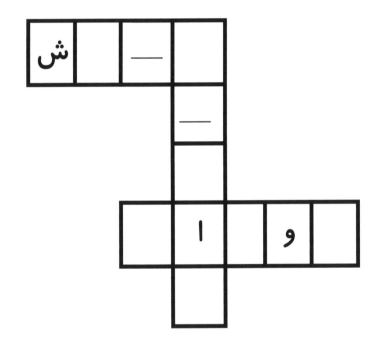

Socks

جوراب

Shoes

کَفش

Hat

کُلاه

Find the word below in the puzzle.

کلمه زیر را در جدول پیدا کن.

کُلاه

ب	ز	ط	ف	یِ	ث	چ
د	ا	کَ	ز	و	ل	کِ
ظ	ه	ا	ل	کُ	پ	ذ
ه	سَ	ی	م	ه	خ	ا
ی	ز	ا	ت	ح	ق	ه

Look at this picture and write its name under it.   به این شکل نگاه کن و اسمش را زیر آن بنویس.

Shoes

_____

Write the letters for each word.

صداهای هر کلمه را بنویس.

کَفش= ___ + ___ + ___ + ___

کُلاه= ___ + ___ + ___ + ___ + ___

جوراب= ___ + ___ + ___ + ___ + ___

Read the word below and draw a picture of it.   کلمه زیر را بخوان و شکلش را بکش.

جوراب

Exercise 4

تمرین ۴

پالتو

(paal. to)

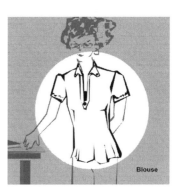

بُلوز

(bo. looz)

Bus

اُتوبوس

(o. to. boos)

Read the word for each picture and
write the letters in their places.

با کمک شکل ها، هر کلمه را بخوان و
صداهایش را در جدولِ روبرویش بنویس.

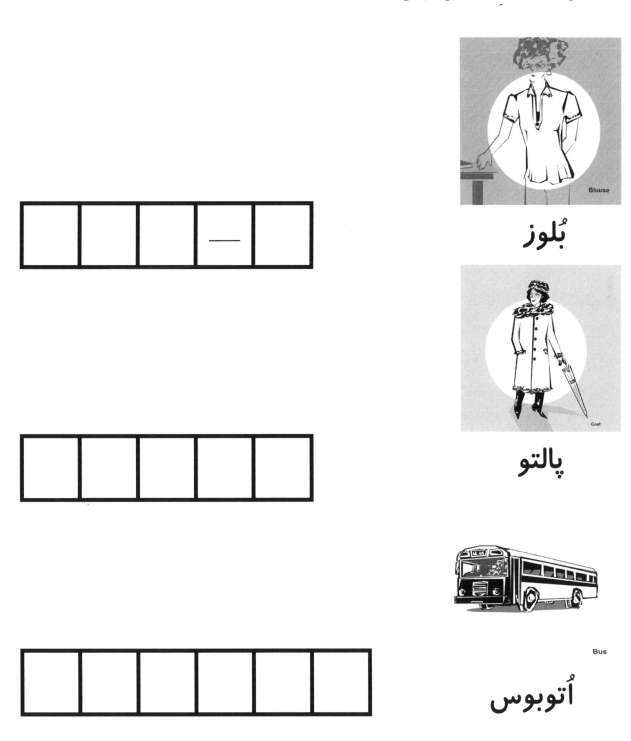

بُلوز

پالتو

اُتوبوس

Connect each word to its picture.

هر کلمه را به شکلش وصل کن.

بُلوز

Bus

جوراب

Shoes

اُتوبوس

کَفش

Socks

پالتو

Read the word for each picture and
write the letters in the puzzle.

با کمک شکل ها، هر کلمه را بخوان و
جایش را در جدول پیدا کن.

Bus

اُتوبوس

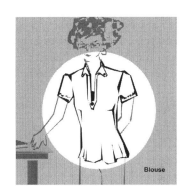

Blouse

بُلوز

Coat

پالتو

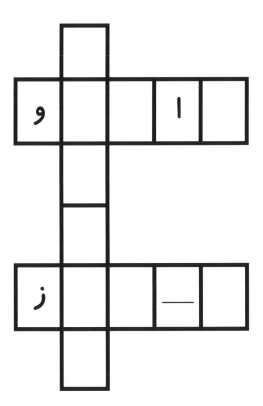

Find the word below in the puzzle.

کلمه زیر را در جدول پیدا کن.

بُلوز

ا	م	بِ	ه	د	ت
بِ	ا	م	س	ظ	ا
بَ	س	بُ	ل	و	ز
ز	و	ا	نُ	ل	ک

Look at this picture and write its name under it.   به این شکل نگاه کن و اسمش را زیر آن بنویس.

Coat

_____

Write the letters for each word.

<space />

صداهای هر کلمه را بنویس.

بُلوز = __ + __ + __ + __ + __

پالتو = __ + __ + __ + __ + __

اُتوبوس = __ + __ + __ + __ + __ + __

<space />

<space />

۴۳

Read the word below and draw a picture of it.   کلمه زیر را بخوان و شکلش را بکش.

اُتوبوس

Exercise 5

تمرین ۵

Plane

هَواپِیما

(ha. vaa. pey. maa)

Hamburger

هَمبِرگِر

(ham. ber. ger)

Fox

روباه

(roo. baah)

Read the word for each picture and write the letters in their places.

با کمک شکل ها، هر کلمه را بخوان و صداهایش را در جدولِ روبرویش بنویس.

Fox

روباه

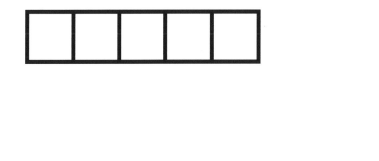

Hamburger

هَمبِرگِر

	—			—			—	

Plane

هَواپِیما

			—				—	

Connect each word to its picture.

هر کلمه را به شکلش وصل کن.

Hamburger

روباه

Coat

هَواپِیما

Bus

پالتو

Fox

اُتوبوس

Plane

هَمبِرگِر

Read the word for each picture and write the letters in the puzzle.

کمک شکل ها، هر کلمه را بخوان و جایش را در جدول پیدا کن.

Plane

هَواپِیما

Fox

روباه

Hamburger

هَمبِرگِر

Find the word below in the puzzle.

کلمه زیر را در جدول پیدا کن.

روباه

ت	ا	ه	ر	ا	ه	ب
ب	ت	ا	م	ف	ر	ا
م	و	ن	ا	ب	س	ک
ک	ر	و	ب	ا	ه	و
ا	ت	گ	ت	ر	م	ن

Look at this picture and write its name under it.   به این شکل نگاه کن و اسمش را زیر آن بنویس.

Hamburger

_____

Write the letters for each word.   صداهای هر کلمه را بنویس.

__ + __ + __ + __ + __ = روباه

__ + __ + __ + __ + __ + __ + __ + __ + __ = هَمبِرگِر

__ + __ + __ + __ + __ + __ + __ + __ + __ = هَواپِیما

Read the word below and draw a picture of it.   کلمه زیر را بخوان و شکلش را بکش.

هَواپِیما

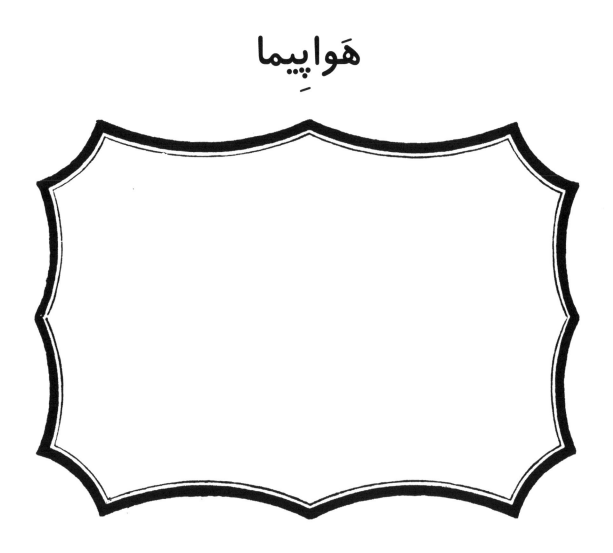

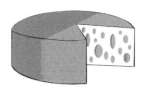

Exercise 6   تمرین ۶

Cheese

پَنیر

(pa. neer)

Refrigerator

یَخچال

(yak̆. chaal)

Fork

چَنگال

(chan. gaal)

Read the word for each picture and
write the letters in their places.

با کمک شکل ها، هر کلمه را بخوان و
صداهایش را در جدولِ روبرویش بنویس.

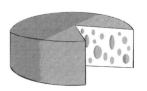

Cheese

پَنیر

Refrigerator

یَخچال

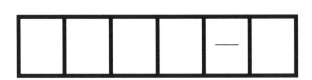

Fork

چَنگال

Connect each word to its picture.

هر کلمه را به شکلش وصل کن.

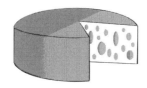
Cheese

چَنگال

Hamburger

هَواپِیما

Fork

یَخچال

هَمبِرگِر

Plane

پَنیر

Refrigerator

Read the word for each picture and write the letters in the puzzle.

با کمک شکل ها، هر کلمه را بخوان و جایش را در جدول پیدا کن.

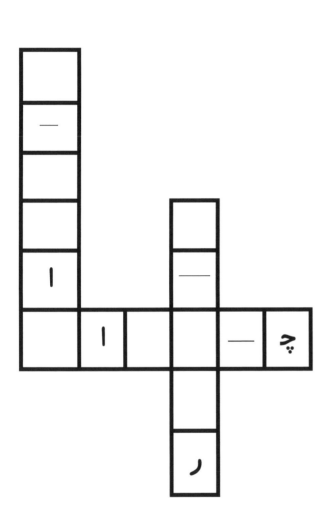

Fork

چَنگال

Refrigerator

یَخچال

Cheese

پَنیر

Find the word below in the puzzle.

کلمه زیر را در جدول پیدا کن.

پَنیر

س	ر	ر	یِ	ن	پَ
ی	ک	ن	ل	ا	پ
ه	پِ	پَ	م	غ	ا
ا	ش	و	ب	چُ	ه

Look at this picture and write its name under it. به این شکل نگاه کن و اسمش را زیر آن بنویس.

Refrigerator

Write the letters for each word.   صداهای هر کلمه را بنویس.

پَنیر = __ + __ + __ + __ + __

یَخچال = __ + __ + __ + __ + __ + __

چَنگال = __ + __ + __ + __ + __ + __

Read the word below and draw a picture of it.   کلمه زیر را بخوان و شکلش را بکش.

چَنگال

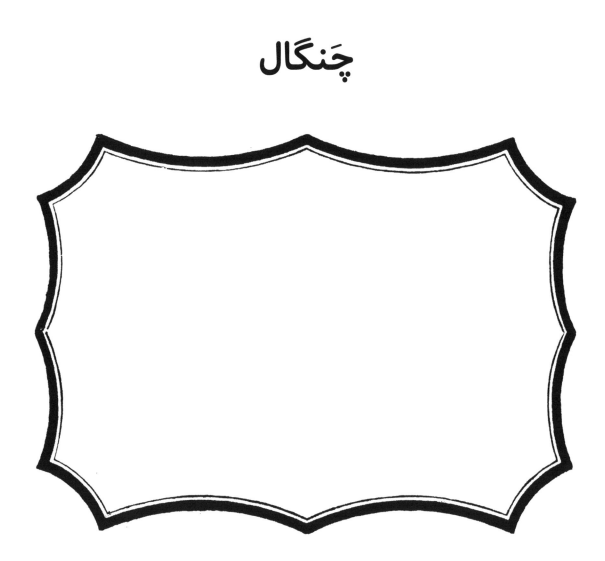

Exercise 7

تمرین ۷

شَلوار

(shal. vaar)

دوچَرخه

(do. char. ǩe)

اِژدِها

(ež. de. haa)

با کمک شکل ها، هر کلمه را بخوان و
صداهایش را در جدولِ روبرویش بنویس.

Read the word for each picture and
write the letters in their places.

شَلوار

				—	

اِژدِها

		—			

دوچَرخه

			—			

Connect each word to its picture.

هر کلمه را به شکلش وصل کن.

Cheese

اِژدِها

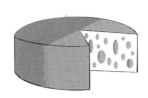
Refrigerator

پَنیر

Bicycle

شَلوار

Pants

یَخچال

Dragon

دوچَرخه

Read the word for each picture and
write the letters in the puzzle.

با کمک شکل ها، هر کلمه را بخوان و
جایش را در جدول پیدا کن.

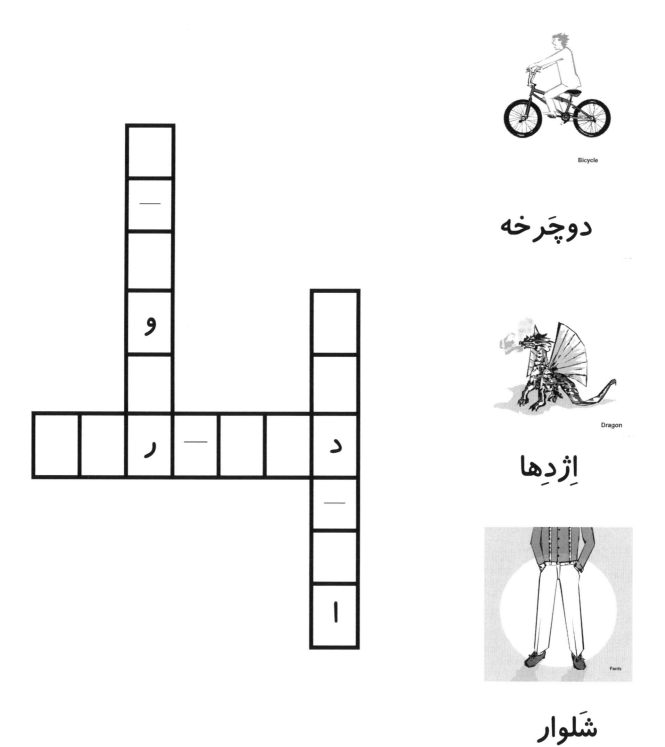

Bicycle

دوچَرخه

Dragon

اِژدِها

Pants

شَلوار

۶۴

Find the word below in the puzzle.

کلمه زیر را در جدول پیدا کن.

دوچَرخه

ف	ه	ا	ش	ص	ل
ا	گَ	ر	ا	غ	ه
د	و	چَ	ر	خ	ه
پَ	د	ا	و	غ	ه

Look at this picture and write its name under it.   به این شکل نگاه کن و اسمش را زیر آن بنویس.

Pants

Write the letters for each word.

صداهای هر کلمه را بنویس.

اِژدِها= ___ + ___ + ___ + ___ + ___ + ___

شَلوار= ___ + ___ + ___ + ___ + ___ + ___

دوچَرخه= ___ + ___ + ___ + ___ + ___ + ___ + ___ + ___

Read the word below and draw a picture of it. كلمه زير را بخوان و شكلش را بكش.

اِژدِها

Exercise 8 تمرین ۸

خوانَنده

(ǩaa. nan. de)

نَقّاش

(nağ. ğaash)

زَرّافه

(zar. raa. fe)

Read the word for each picture and
write the letters in their places.

با کمک شکل ها، هر کلمه را بخوان و

صداهایش را در جدولِ روبرویش بنویس.

نَقّاش

زَرّافه

خوانَنده

Connect each word to its picture.

هر کلمه را به شکلش وصل کن.

Painter

خوانَنده

Dragon

نَقّاش

Giraffe

دوچَرخه

Bicycle

زَرّافه

Singer

اِژدِها

با کمک شکل ها، هر کلمه را بخوان و
جایش را در جدول پیدا کن.

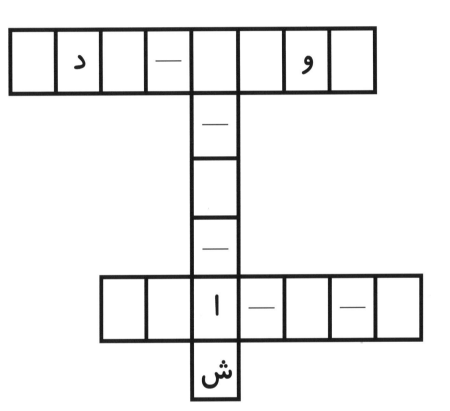

Read the word for each picture and write the letters in the puzzle.

خوانَنده

زَرّافه

نَقّاش

Find the word below in the puzzle.

کلمه زیر را در جدول پیدا کن.

نَقّاش

س	اَ	نَ	و	ل	ه	ف
م	ر	ش	ا	قّ	نَ	خ
ا	گ	و	ش	قّ	ل	ه
ر	و	ن	گ	ی	اِ	ل
اَ	ر	ذ	ب	ص	و	پ

Look at this picture and write its name under it. به این شکل نگاه کن و اسمش را زیر آن بنویس.

Singer

_____

Write the letters for each word.

صداهای هر کلمه را بنویس.

نَقّاش= __ + __ + __ + __ + __ + __

زَرّافه= __ + __ + __ + __ + __ + __ + __

خوانَنده= __ + __ + __ + __ + __ + __ + __ + __

Read the word below and draw a picture of it. کلمه زیر را بخوان و شکلش را بکش.

زَرّافه

Exercise 9

تمرین ۹

صَندَلی

(san. da. lee)

Bench

نیمکَت

(nim. kat)

Couch

مُبل

(mobl)

با کمک شکل ها، هر کلمه را بخوان و
صداهایش را در جدولِ روبرویش بنویس.

Read the word for each picture and write the letters in their places.

Couch

مُبل

		—	

Chair

صَندَلی

		—			—	

Bench

نیمکَت

	—				

Connect each word to its picture.

هر کلمه را به شکلش وصل کن.

Chair

Couch

Painter

Bench

Giraffe

نیمکَت

نَقّاش

مُبل

زَرّافه

صَندَلی

Read the word for each picture and
write the letters in the puzzle.

با کمک شکل ها، هر کلمه را بخوان و
جایش را در جدول پیدا کن.

Bench

نیمکَت

Couch

مُبل

Chair

صَندَلی

۸۰

Find the word below in the puzzle.

کلمه زیر را در جدول پیدا کن.

مُبل

چ	بـ	یـِ	ف	ط	ز	ب
کُ	لـ	و	ز	کَ	ا	د
ذ	پ	مُـ	بـ	ل	ی	ظ
ا	خ	ه	مُـ	ی	یـ	ض
ه	بـِ	ح	ت	ا	ز	ی

Look at this picture and write its name under it.   به این شکل نگاه کن و اسمش را زیر آن بنویس.

Bench

_____

Write the letters for each word.

صداهای هر کلمه را بنویس.

مُبل= ___ + ___ + ___ + ___

صَندَلی= ___ + ___ + ___ + ___ + ___ + ___ + ___ + ___

نیمکَت= ___ + ___ + ___ + ___ + ___ + ___ + ___

Read the word below and draw a picture of it.   کلمه زیر را بخوان و شکلش را بکش.

صَندَلی

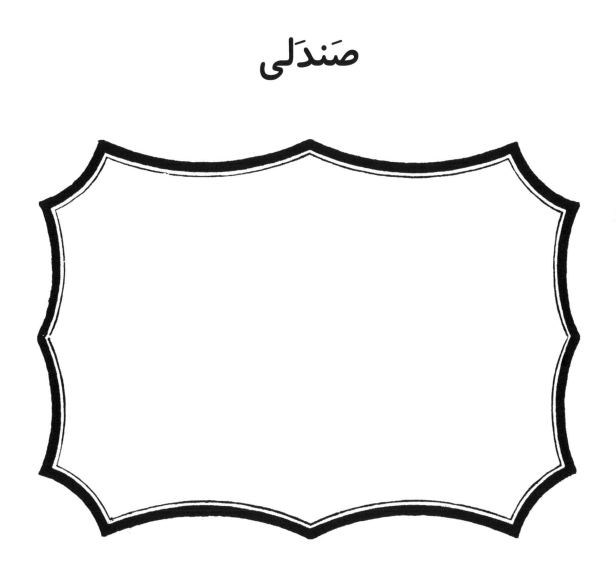

Exercise 10

تمرین ۱۰

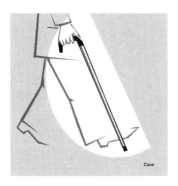

عَصا

('a. saa)

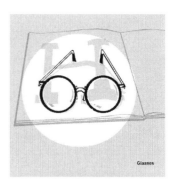

عِینَک

('ey. nak)

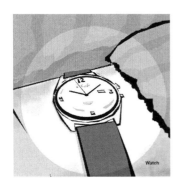

ساعَت

(saa. 'at)

با کمک شکل ها، هر کلمه را بخوان و
صداهایش را در جدولِ روبرویش بنویس.

Read the word for each picture and write the letters in their places.

عَصا

ساعَت

عِینَک

Connect each word to its picture.

 هر کلمه را به شکلش وصل کن.

Cane

عِینَک

Couch

نیمکَت

Glasses

ساعَت

Bench

مُبل

عَصا

Watch

Read the word for each picture and write the letters in the puzzle.

با کمک شکل ها، هر کلمه را بخوان و جایش را در جدول پیدا کن.

ساعَت

عِینَک

عَصا

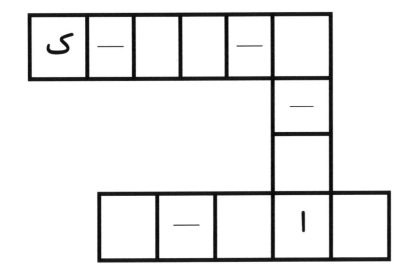

Find the word below in the puzzle.

کلمه زیر را در جدول پیدا کن.

ساعَت

ک	ل	و	ث	ا	حِ
س	ا	عَ	ت	چ	ذ
ا	و	د	ق	پ	ا
م	ر	ز	ا	عَ	ر

Look at this picture and write its name under it.   به این شکل نگاه کن و اسمش را زیر آن بنویس.

Cane

Write the letters for each word.   صداهای هر کلمه را بنویس.

عَصا= __ + __ + __ + __

ساعَت= __ + __ + __ + __ + __

عِینَک= __ + __ + __ + __ + __ + __

Read the word below and draw a picture of it.   کلمه زیر را بخوان و شکلش را بکش.

عِینَک

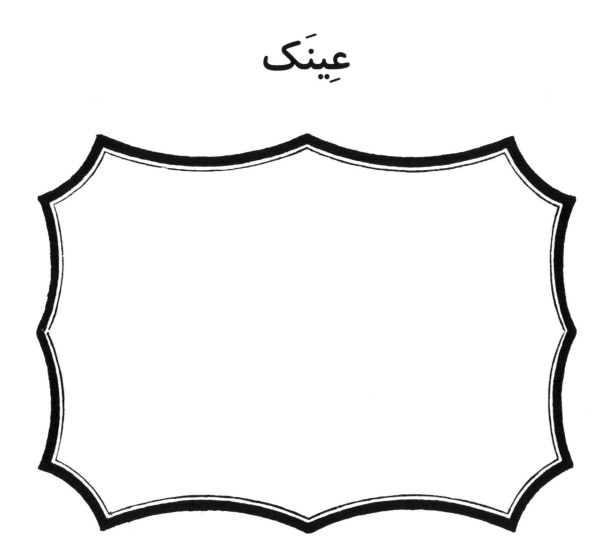

Exercise 11

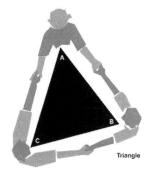

تمرین ۱۱

Triangle

مُثَلَّث

(mo. sal. las)

Snail

حَلَزون

(ha. la. zoon)

House

ساختِمان

(saak̆. te. maan)

با کمک شکل ها، هر کلمه را بخوان و صداهایش را در جدولِ روبرویش بنویس.

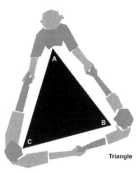

Read the word for each picture and write the letters in their places.

Triangle

مُثَلَّث

	—	—		—		—	

Snail

حَلَزون

			—		—	

House

ساختِمان

			—				

Connect each word to its picture.

هر کلمه را به شکلش وصل کن.

House

حَلَزون

Glasses

ساعَت

Snail

مُثَلَّث

Watch

ساختِمان

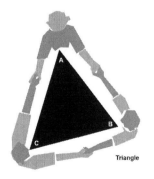

A
C
Triangle

عِینَک

Read the word for each picture and write the letters in the puzzle.

با کمک شکل ها، هر کلمه را بخوان و جایش را در جدول پیدا کن.

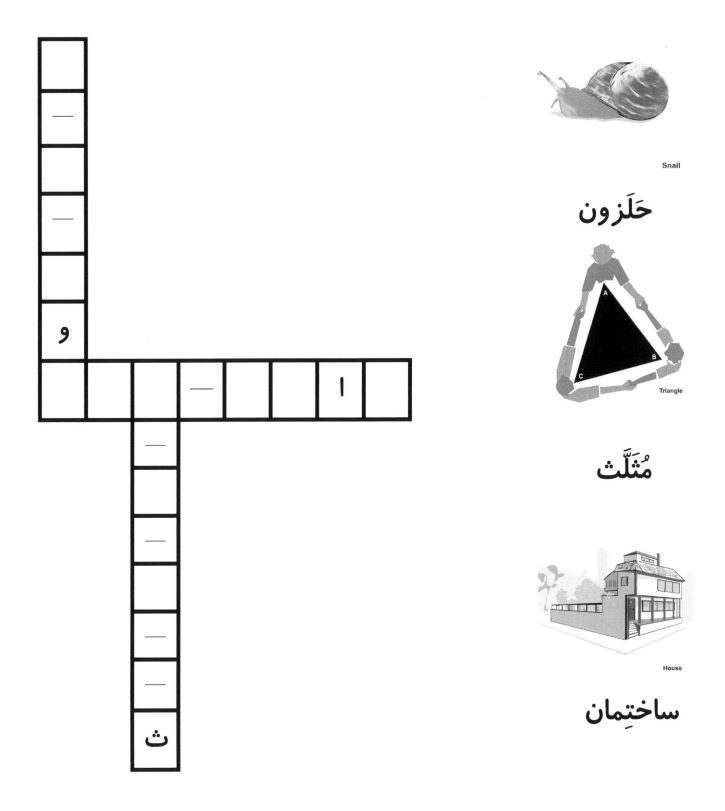

Snail

حَلَزون

A
Triangle

مُثَلَّث

House

ساختِمان

Find the word below in the puzzle.

کلمه زیر را در جدول پیدا کن.

مُثَلَّث

ک	ث	لَّ	ثَ	مُ	ا
ا	ظ	س	مُ	ا	بُ
ه	ل	و	ثَ	س	بَ
ک	ل	نُ	ل	و	ز

Look at this picture and write its name under it.   به این شکل نگاه کن و اسمش را زیر آن بنویس.

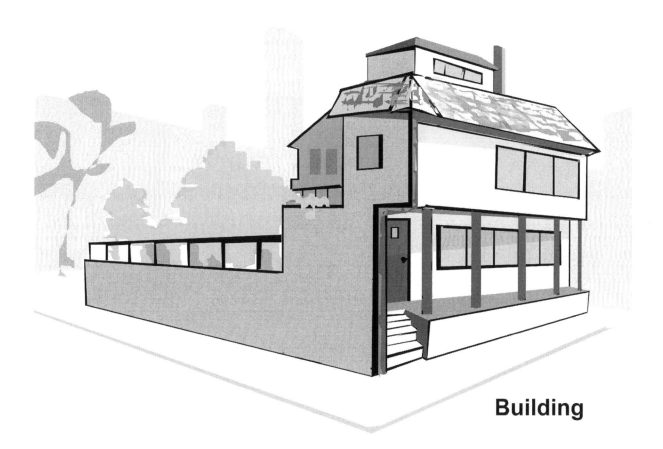

Building

_____

Write the letters for each word.   صداهای هر کلمه را بنویس.

مُثَلَّث= __ + __ + __ + __ + __ + __ + __ + __

حَلَزون= __ + __ + __ + __ + __ + __ + __

ساختِمان= __ + __ + __ + __ + __ + __ + __ + __

Read the word below and draw a picture of it. کلمه زیر را بخوان و شکلش را بکش.

حَلَزون

Exercise 12

تمرین ۱۲

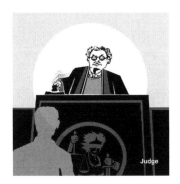

قاضی

(ğaa. zee)

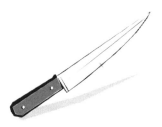

Knife

چاقو

(chaa. ğoo)

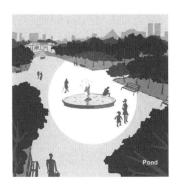

حوض

(hoz)

Read the word for each picture and write the letters in their places.

با کمک شکل ها، هر کلمه را بخوان و صداهایش را در جدولِ روبرویش بنویس.

حوض

چاقو

قاضی

Connect each word to its picture.

هر کلمه را به شکلش وصل کن.

Knife

حَلَزون

Judge

حوض

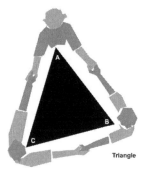

A
Triangle

قاضی

مُثَلَّث

Snail

چاقو

Pond

Read the word for each picture and
write the letters in the puzzle.

با کمک شکل ها، هر کلمه را بخوان و
جایش را در جدول پیدا کن.

حوض

قاضی

چاقو

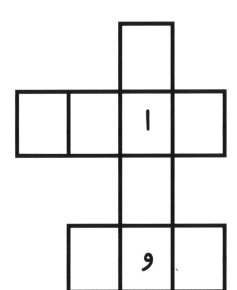

Find the word below in the puzzle.

كلمه زير را در جدول پيدا كن.

حوض

ز	ف	ا	ل	ر	ه	ا
ب	ح	ث	ه	پ	ا	ج
ت	و	ا	ژ	م	چَ	د
ه	ض	ر	ا	و	د	ن
ر	چُ	ا	و	د	ل	ر

Look at this picture and write its name under it. به این شکل نگاه کن و اسمش را زیر آن بنویس.

Judge

_____

Write the letters for each word.

صداهای هر کلمه را بنویس.

حوض= ___ + ___ + ___

چاقو= ___ + ___ + ___ + ___

قاضی= ___ + ___ + ___ + ___

Read the word below and draw a picture of it. کلمه زیر را بخوان و شکلش را بکش.

چاقو

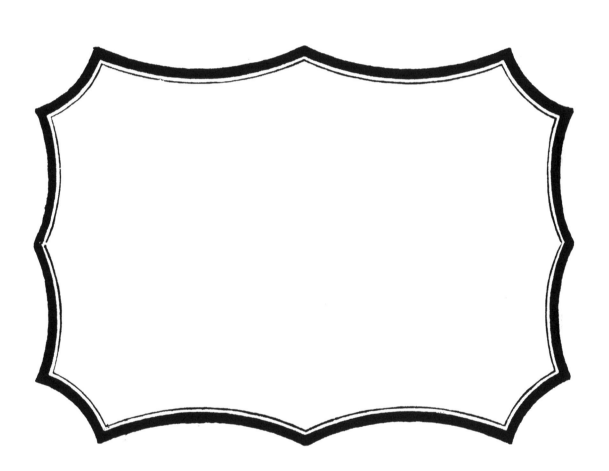

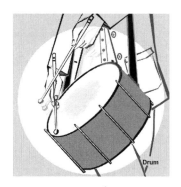

Exercise 13 — تمرین ۱۳

طَبل

(tabl)

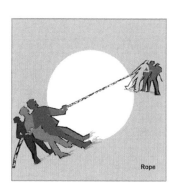

طَناب

(ta. naab)

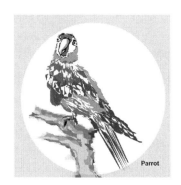

طوطی

(too. tee)

Read the word for each picture and write the letters in their places.

با کمک شکل ها، هر کلمه را بخوان و
صداهایش را در جدولِ روبرویش بنویس.

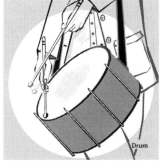

طَبل

		—	

طوطی

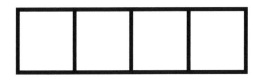

طَناب

			—	

Connect each word to its picture.

هر کلمه را به شکلش وصل کن.

حوض

طوطی

قاضی

طَبل

طَناب

Read the word for each picture and
write the letters in the puzzle.

کمک شکل ها، هر کلمه را بخوان و
جایش را در جدول پیدا کن.

طوطی

طَناب

طَبل

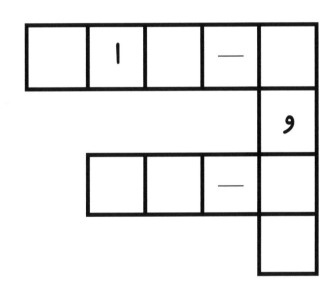

Find the word below in the puzzle.

کلمه زیر را در جدول پیدا کن.

طَناب

ب	ه	و	ر	ه	ا	ﺗ
ا	ر	ف	طَ	ا	ت	ﺑ
ک	س	ﺑ	ا	ﻧ	و	م
و	ب	ا	ﻧ	طَ	ر	ک
ن	م	ر	ﺗ	گ	ت	ا

Look at this picture and write its name under it. به این شکل نگاه کن و اسمش را زیر آن بنویس.

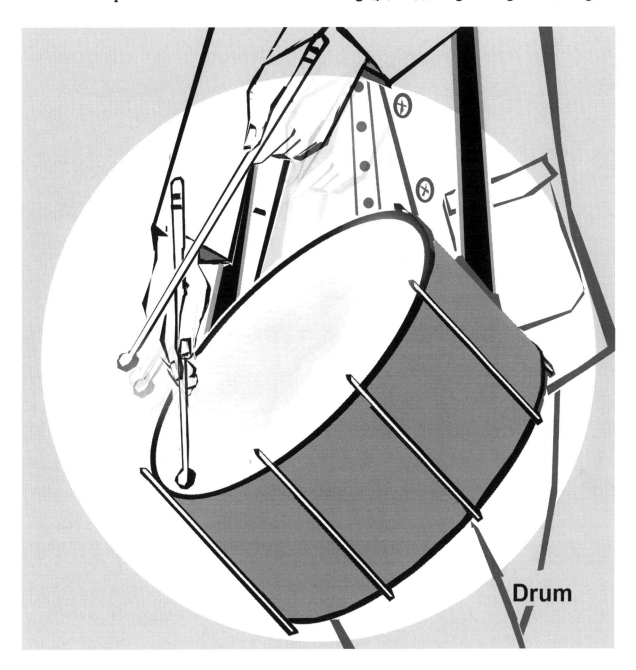

Drum

Write the letters for each word.   صداهای هر کلمه را بنویس.

طَبل = ___ + ___ + ___ + ___

طَناب = ___ + ___ + ___ + ___ + ___

طوطی = ___ + ___ + ___ + ___

Read the word below and draw a picture of it.   کلمه زیر را بخوان و شکلش را بکش.

طوطی

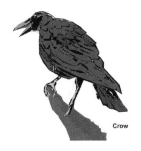

Exercise 14

تمرین ۱۴

کَلاغ

(ka. laağ)

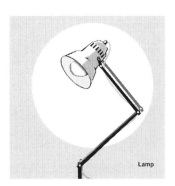

چِراغ

(che. raağ)

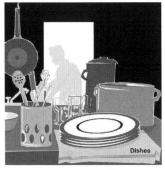

ظُروف

(zo. roof)

Read the word for each picture and write the letters in their places.

با کمک شکل ها، هر کلمه را بخوان و
صداهایش را در جدولِ روبرویش بنویس.

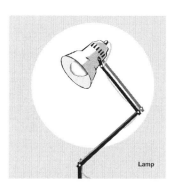

چِراغ

ظُروف

کَلاغ

Connect each word to its picture.

هر کلمه را به شکلش وصل کن.

Crow

Parrot

Dishes

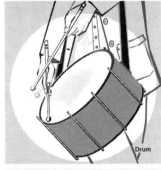
Drum

Lamp

ظُروف

چِراغ

طَبل

طوطی

کَلاغ

Read the word for each picture and
write the letters in the puzzle.

با کمک شکل ها، هر کلمه را بخوان و
جایش را در جدول پیدا کن.

کَلاغ

ظُروف

چِراغ

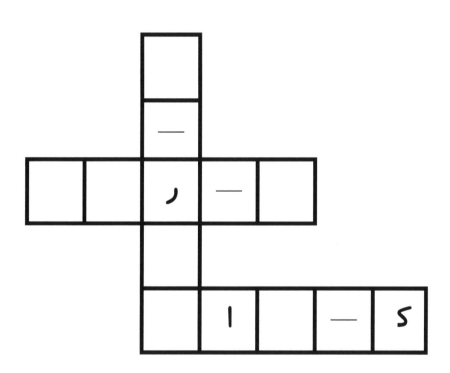

Find the word below in the puzzle.

كلمه زير را در جدول پيدا كن.

ظُروف

ش	مُ	ا	بِ	مَ	س
ه	ف	و	ر	ظُ	ا
ل	ر	ظُ	و	ه	ف
ا	ل	ش	ه	ق	ی

Look at this picture and write its name under it.   به این شکل نگاه کن و اسمش را زیر آن بنویس.

Crow

_____

Write the letters for each word.   صداهای هر کلمه را بنویس.

__ + __ + __ + __ + __ = چِراغ

__ + __ + __ + __ + __ = کَلاغ

__ + __ + __ + __ + __ = ظُروف

Read the word below and draw a picture of it. کلمه زیر را بخوان و شکلش را بکش.

چِراغ

Exercise 15

تمرین ۱۵

مُرغ

(morğ)

Paper

کاغَذ

(kaa. ğaz)

Frog

قورباغه

(ğoor. baa. ğe)

Read the word for each picture and write the letters in their places.

با کمک شکل ها، هر کلمه را بخوان و صداهایش را در جدولِ روبرویش بنویس.

Hen

مُرغ

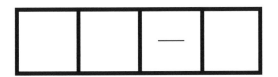

		—	

Paper

کاغَذ

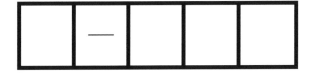

	—			

Frog

قورباغه

Connect each word to its picture.

هر کلمه را به شکلش وصل کن.

Hen

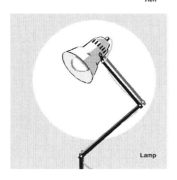
Lamp

Frog

Crow

Paper

کَلاغ

قورباغه

مُرغ

کاغَذ

چِراغ

Read the word for each picture and write the letters in the puzzle.

با کمک شکل ها، هر کلمه را بخوان و جایش را در جدول پیدا کن.

قورباغه

مُرغ

کاغَذ

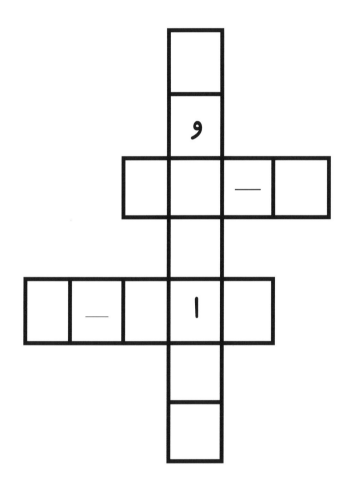

Find the word below in the puzzle.

کلمه زیر را در جدول پیدا کن.

کاغَذ

ص	و	ا	ر	ش	و	ی
ل	ه	ذ	غَ	ا	ک	پ
غَ	ی	پ	ا	ت	ک	و
و	ز	عَ	س	ا	ج	ک
ی	ذ	ه	ل	ک	ا	ذ

Look at this picture and write its name under it.   به این شکل نگاه کن و اسمش را زیر آن بنویس.

Hen

_____

Write the letters for each word.   صداهای هر کلمه را بنویس.

مُرغ = __ + __ + __ + __

کاغَذ = __ + __ + __ + __ + __

قورباغه = __ + __ + __ + __ + __ + __ + __

Read the word below and draw a picture of it.   کلمه زیر را بخوان و شکلش را بکش.

قورباغه

برای آشنایی با سایر کتاب های " نشر بهار " از وب سایت این انتشارات دیدن فرمائید.

To learn more about the other publications of Bahar Books please visit the website.

Bahar Books

www.baharbooks.com